Nacido en Arróniz (Navarra), sacerdote, poeta y escritor. Es Licenciado en Filosofía y Letras y fue durante años profesor de Literatura. Ha publicado una veintena de libros de narrativa, poesía y espiritualidad. Miembro del grupo fundador de la revista poética *Río Arga*, de la que fue director durante cuatro años y a cuyo consejo de redacción pertenece actualmente.

Obtuvo el Premio Navarra de Novela Corta con *El tío de Jaimerena* y quedó semifinalista del Premio Nadal con *Osasuna se traduce la salud.*

Realizó trabajos en prensa y radio. Premio Internacional San Fermín de Periodismo. Como poeta es autor, entre otros títulos, de *La luna del emigrante, Pie en la cima de sombra, Salmos de ayer y hoy, Escribe por tu herida, Obra poética* (1954-2005), edición del Gobierno de Navarra. En esta colección se ha editado *Este debido llanto, Apasionado adiós, Pero estás en mi aliento* y *Confinada voz.*

Jesús Mauleón
La fama pregonera y otros poemas

Colección Baños del Carmen

Jesús Mauleón

La fama pregonera y otros poemas

EDICIONES VITRUVIO
Colección Baños del Carmen,
nº 996

www.edicionesvitruvio.com

©Jesús Mauleón

Primera edición, 2024

© Ediciones Vitruvio
C/ Menorca, nº 44
28009
Madrid
Teléfono: 91 573 21 86

ediciones vitruvio, nº 1. 637
ISBN: 978-84-128203-7-9

La fama pregonera

1.FAMA

HORACIO

"Exegi monumentum aere perennius..."
Quinto Horacio Flaco, Oda XXX

Poeta Horacio, qué seguro escribiste que tu obra
era ya monumento más perenne que el bronce,
más alto que las propias pirámides egipcias,
que ni el voraz aguacero ni los huracanes
ni la innumerable
sucesión de los años, ni la huida del tiempo
podrían derribar.
Afirmaste rotundo: "No moriré del todo,
mucha parte de mí evitará la muerte!"

Querido Horacio, malos tiempos corren
en este tierra nuestra,
ayuna de latines, olvidada de Roma,
desatenta a las glorias del pasado.
Aquí vivimos fechas de ignorancia
de tu querida lengua que a la nuestra propia
dio una vida de madre generosa.
No, no has muerto del todo, pero muchos
de nuestros encumbrados personajes
ya no saben si existes ni si estás en la historia.

Por lo demás, Horacio, te diría,
desde mi admiración y mi respeto,
que "no morir del todo"
es igual que morir,
que la inmortalidad maciza y verdadera
no se divide caprichosa en partes
y, si has muerto del todo,
poco podrás gozar de tu futura fama.

La mayoría de mortales

viven en el afán su cada día:
su trabajo, sus penas,
su amor y sus desvelos, y atraviesan al fin
el trance oscuro de su propia muerte
sin saber que en tu Roma hubo un poeta
que se llamaba como tú, y eras tú mismo,
que compuso a la sombra
protectora de Augusto
su obra magistral tras tantos siglos viva.

Ella vive y no tú,
mi admirado poeta.
Si tu inmortalidad es sólo en parte,
ni tú mismo sabrás la suerte clara
que han corrido las aguas de tus versos.

Poeta Horacio, yo, pobre de mí,
aprendiz del oficio que doraste,
quiero creer y creo
en la inmortalidad de los humanos.

Hoy saben hasta en Roma
que alguien barrió, perdón, tus dioses del Olimpo
y aseguró que quien en Él creyera
sería duradero para siempre.

Pervivir en la gloria de tus versos
y dominar con ellos la fuga de los siglos
es mucho ya, mas sólo escaso alivio
y precario consuelo
si el poeta ya ha muerto para siempre.

(22 de enero de 2022)

LO IDOLATRABAN Y ÉL SE CREYÓ DIOS

Lo idolatraban y él se creyó Dios.
Triunfaba de continuo en los periódicos,
las teles, radios, instrumentos todos
de su divina gloria.
Tan alta se elevó su imagen
que en todos los rincones del planeta
fervorosos, rendidos se postraban
sus adoradores.
Era el as de un deporte
o religión que hervía a multitudes.
Se hinchaba en campeón y para muchos era
el mejor de la historia.
Dios en la cancha, se inmortalizaba,
enloquecía graderíos,
se prodigaba en novedosos lances
que los comentaristas entusiastas, a gritos,
calificaban de milagros.

Dicen que se embolsaba
millones y millones de ganancias, que era el más rico
de cuantos en su cielo competían.
Dicen
que con su avión privado navegaba
como una estrella más convertido en estrella.

Lo idolatraban en el mundo entero
y él se creyó Dios, muy pronto convertido
en el primer creyente de sí mismo.
Cruzaba poderoso las fronteras del orbe,
huésped omnipotente de su reino.

Pero, ay, quien oficiaba de divino
parecía ignorar

que comía, bebía, respiraba,
sudaba y deponía, igual que el último
de los demás mortales.

Muchos previeron un cruce de galaxias,
la hora en que las trompas de su fama
dejaran de sonar o que estallaran
en un confuso estruendo, un raro cataclismo
con choque de chatarra y hojalata.

Pocas caídas hay tan duras, tan mortales
como aquellas, en destrucción y caos,
de quienes caen de su falso Olimpo.

(19 de enero de 2022)

LA FAMA ERA DONCELLA TOCANDO LA TROMPETA

La fama era doncella tocando la trompeta.
Y qué horroroso error,
a John Kennedy Toole
le tocó su trompeta convertida
en un rudo trombón, desafinado, ronco,
y fue un clangor feroz,
fúnebre trueno que atronó su tumba.

Tras su ruina final de autor inédito,
su madre Thelma
arrastró *La conjura de los necios*
de puerta en puerta,
de editor a editor, ocho editores,
oh torpes y engreídos, necios en la conjura,
tontos de larga baba, acostumbrados
a medir a un autor por la costumbre
y en ocasiones a cargar con obras
mediocres, consabidas, de escritor de renombre
y asiento en el mercado, con tal que les trajera
ganga de pasta gansa,
bobo botín de dólares seguros.

Pero, admirado John, tú no escribiste
tu libro para necios. Y fue mejor así.
Fue mejor que tu libro a un tiempo nos llevara
a morirnos de risa y a temblar
en el oscuro horror de la tragedia presentida,
un regalo genial de carcajada y llanto
que gritara aún más alto que tu propio suicidio.

Descansa en paz, John Kennedy Toole,
genial payaso,

con tu dolor inmenso y con tu muerte a cuestas.
Ya en tu gloria
sigue riéndote de este necio mundo
y sus conjuras sandias o asesinas.
Lástima que a tiempo no supieras
que, al rechazar tu original de oro,
te adelantaban un final de gloria.

Decenas y decenas de sonoras
editoriales
con vitola de expertas y sagaces,
oh conjura mundial de necedades,
han mandado a la mierda a grandes escritores
más tarde levantados en alto por la fama
o muertos y enterrados sin que nadie
les leyera una página.

Gentes de genio y pluma
vivieron humillados, vencidos y en silencio.
Otros, igual que tú,
no pudieron sufrir su desventura
y al fin enajenados
en el horror le abrieron
todas las puertas a su propia muerte.

John Kennedy Toole,
mucho te amé. Me regalaste
horas de regocijo, asombrosas sorpresas.
Los huesos de mi alma sacudiste
muertos de risa o de estremecimiento.
A mi manera,
gocé, sufrí contigo
y con tu Ignatius J. Reilly,
recorriendo su reino en que crecían juntos
comedia e infortunio.

Adiós, a Dios. Tú, por tu parte,

ya vencedor, John Kennedy Toole,
descansa en paz y ríe, ríe, ríe.
No ceses en tu risa eternamente.

(26 de enero de 2022)

LA FAMA EN LA BASURA

Famoso fue Nerón, Calígula,
Bruto, Caín o Judas Iscariote,
y tantos más que por salud e higiene
pasaremos por alto.
En cualquier tiempo hubo
famosos asesinos y traidores insignes.

Las trompetas que entonan sus hazañas
truenan desafinadas,
rajadas en horror y desajuste.

Su irrespirable hedor, su estruendosa basura
carga son de detritus
para los contenedores de la Historia.

(22 de enero de 2022)

AQUEL PROHOMBRE FALLECIÓ A SU HORA

Aquel prohombre falleció a su hora
rodeado de honores merecidos.
Sus saberes, su porte
bastaban por sí solos para hacerlo famoso
y en opinión de muchos para abrirle
de par en par las puertas de la historia.

Han pasado diez meses y al prohombre
se lo tragó la tierra. Muerta o muda,
borró su voz *la fama pregonera*.

Quedará en el recuerdo, ya vivo o desvaído,
de unos pocos cercanos que lloraron su muerte.
El vulgo olvida pronto lo que pierde de vista.

¿Fue en verdad sabio y bueno?
En la tumba reposa su memoria
muerta bajo la tierra del olvido.

(24 de enero de 2022)

EL PUEBLO PIERDE PRONTO LA MEMORIA

El pueblo pierde pronto la memoria
de sus hombres ilustres y afamados
y apenas si los ve desdibujados
como sombras vacías en la historia.

Marca la muerte cruda divisoria
a los honores antes alcanzados.
Felices los que legan afanados
lo mejor de sí mismos, no la gloria.

EL ESCRITOR FAMOSO

*"No cura si la fama
canta con voz su nombre pregonera."*
Fray Luis de León

La vejez se hizo al fin
su dueña poderosa e invasiva.

Era escritor famoso, pero hubiera dado
por nunca escritos sus dos bestsellers exitosos,
sus nada desdeñables diez novelas menores,
sus dos libros de ensayos,
sus versos primerizos, que gozaron
del favor entusiasta de un reputado crítico…
Todo lo hubiera dado
como precio imposible
por tornar al vigor de juventud.

Viejo, vencido ya, la muerte
lo sigue y lo acompaña cada día,
a veces mansamente, como un perro ya amigo,
a veces enemiga, atacándolo en fieras,
rabiosas dentelladas.

El famoso recorre el pasillo de su casa
asido a un tacataca vacilante.
Vuela tambaleándose al excusado
en el ansioso apuro
de una vejiga en ruinas.

Una vez acabada la enojosa tarea,
su atenta secretaria aún le acerca
las pocas cartas, felicitaciones
de algunos rezagados
admiradores.

En su hundido desánimo,
vuelve el rostro en un gesto de tedio y de rechazo.

Ya tiempo atrás, llevaba contrariado
que la enfermera delicadamente
lo aseara en la ducha,
o que apuradamente lo auxiliara, golpeando su espalda,
atragantado en los primeros tragos
del parco desayuno.

Tampoco el corazón le perdonaba
frecuentes sobresaltos
que al punto disparaban las alarmas
de la ambulancia en torno a su vivienda.

En sus mejores horas la memoria
le borraba los nombres de sus hijos.

Aun así se agarraba
tenaz a la raíces de la vida,
y habría dado todo,
sus libros, sus papeles y su gloria
a quien le regalara
el súbito milagro de volver a ser joven,
caminante ligero por las calles,
desconocido, anónimo,
pero feliz y vivo.

(17 de enero de 2022)

NUNCA LE TENTÓ LA GLORIA

Gnozi se auton.
Conócete a ti mismo.
(Atribuido por Platón a Sócrates)

Nunca le tentó la gloria
ni el halago del divismo.
En conocerse a sí mismo
puso su mejor victoria.

TÚ NO SERÁS FAMOSO

Tú no serás famoso.
pero eres ya feliz,
pues mimas la palabra y te sorprendes
poniendo en ella a veces lo que nunca soñaste,
oyéndola decirte lo que nunca
nadie jamás oyó.

Nunca serás famoso, pero a veces te vas
más lejos de ti mismo
y entras en tierras que ni tú ni nadie
jamás habéis pisado;
y allí eres libre, y rey,
y dueño soberano.

Sólo hay un Creador y con mayúsculas,
pero a veces te besa y te permite,
pobre mortal en trace
de juego y de delirio,
crear juntando letras lo que ningún humano
antes jamás creó.

Nunca serás famoso. Para ti no suenan
las trompas de la moda.
No te apuntaste al bando trompetero
de los más poderosos.

Pero eres ya feliz cuando Dios te permite
jugar a creador como en juego de niño
feliz y agradecido,
cuando Él y la palabra te bendicen
lejos de los clarines de la fama.

(20 de enero de 2022)

FAMA DE CORNETÍN

Fama de cornetín, no de trompeta
la del músico humilde,
que merecidamente, y a los sones de banda,
tuvo la suerte de escalar su gloria,
pequeña pero noble y merecida.
Su mérito mayor,
amén del buen manejo y toque
de varios instrumentos (el viento por familia,
y el cornetín, su predilecto amigo)
fue un breve rapto de compositor.
Escribió un vals vibrante
que, convertido en retrechero pasacalles,
aún se baila y se canta como un rito
después de una centuria por las fiestas
de su ciudad famosa.

A su inmortalidad menor se suma
una pequeña calle consagrada a su nombre.

Gloria al humilde artista que probablemente
jamás soñó en su vida con la gloria.
Fama de cornetín, mas noble fama.

(20 de enero de 2022)

A FABIÁN LO ACOMPAÑA HASTA LA TUMBA

A Fabián lo acompaña hasta la tumba
su fama pequeñita de hombre bueno.
No la buscó, pero se le hizo amiga
y ella se va con él y su recuerdo.

No fue mucho más lejos que los límites
estrechos de su aldea.
Pero él no buscó tanto, le bastaba
vivir de su bondad, sólo con ella.

Fue querido y feliz, todo lo tuvo
sin pensar en la fama ni en la gloria,
pero así atravesó la puerta grande
de los que nunca pasan a la historia.

Fama, no importa que hoy te quedas muda
y le des un descanso a tu trompeta.
No hace falta tocar por una vida
grande por verdadera.

(29 de enero de 2022)

SANTIAGO Y ABRE ESPAÑA

(Cuando el Parlamento, enzarzado tras las elecciones en la agria rivalidad de los partidos, no acababa de entenderse para formar gobierno).

Querido apóstol Santiago
que eres patrono de España,
mira a ver si te das maña
para blandir el zurriago.
En este parón aciago,
jamelgos o diputados
se atascan empantanados
sin iniciar el camino.
Con tu trallazo divino
dales por todos los lados.

¿No los quieres azotados,
aunque no formen gobierno?
¿No los mandas al infierno,
malditos y condenados?
Pues manda a todos al cuerno.

(25 de julio de 2016)

RONCESVALLES

¿Eran moros o vascones,
dueños de aquellos rincones
y abruptos desfiladeros?
Todos tienen sus razones
contra Carlos y su tropa,
pronto emperador de Europa.

Que te lo diga Oliveros,
tu consejero y amigo,
pregunta si el enemigo
es valeroso o cobarde.
Pregúntaselo a la tarde
que hace de sangre un derroche,
y pregúntale a la noche
por qué los vascones van
descabezando a los francos.
Junto a su valor están
por soldados sus barrancos
y el bosque por capitán.

Dios, cómo blande la espada
el arzobispo guerrero,
cómo levanta su acero
Turpín sin mitra calada.
Todo acabará en la nada
de la muerte y la derrota
que en ríos la sangre brota
y baja por la quebrada.

Tarde sonó tu olifante
para que Carlos lo oyera
y raudo retrocediera
ansioso por ayudarte.

Ya tu espada Durandarte
se quiebra contra la muerte.
Roldán, despide a tu suerte
y prepárate a morir.
Tendrás que sobrevivir
por pluma de un gran poeta
que a Francia y al mundo asombre.

Alzando al cielo tu nombre
las cumbres cantando van
la muerte del superhombre
en *El Cantar de Roldán*.

(2022)

CATALUÑA

¿Cataluña?
Yo me callo.
Y huyo a uña
de caballo.

AY, ME MUERO DE TEDIO

Ay, me muero de tedio.
¿Quién fue el sabio que dijo:
"La actualidad es un bostezo de la historia"?
Se cruzan a millares los mensajes
que ensucian mis oídos, el hueco de mis ojos.
Me asfixio en el torrente de tanta
podrida información disfrazada de urgencia.
Las historias fragantes nunca fueron noticia.

Se apilan los recuentos
vocingleros y efímeros,
llamados al morir de cada día,
arrasando
de palabras, de gritos, papeles y pantallas
mañana, tarde, noche, todas
las horas de la luz y de lo oscuro, ahítas de pasión,
enfrentadas y en alza, ecos y pregoneras
de tanto fatuo alzado a los poderes
necios y establecidos.

¿Podré cerrar los ojos, tapiar bien mis oídos,
dejar mi corazón ancho y abierto
por fin a la bondad y a la belleza,
a la pura verdad de tanta gente rica
en los dorados dones, alejada
del ruido y la quincalla establecida?

Me mata
o de horror o de sueño este inmenso bostezo.
Cierro, cierro mis ojos. A cal y canto tapio
mis oídos. Cierro
todo mi ser. Renuncio
a adorar el presente fugitivo, su bostezo intratable,

su boca abierta, su viciado aliento,
su irreprimible hedor,
su cuerpo pestilente disfrazado.

A la carrera huyo hacia la meta
del respirar profundo, humilde; busco
el aire fresco, puro,
la caricia de un viento renovado
de vida verdadera que no pasa.

(Junio de 2017)

AUTOESTIMA APUNTALADA

Fabio trata, sentencia, habla sin tino
sobre todo lo humano y lo divino.

Con quien presume de saberlo todo
vano sería discutir de nada.
Pero probablemente habrá algún modo
de hacerle concluir, según parece,
que su rotundidad sólo obedece
a una baja autoestima apuntalada.

(Septiembre de 2020)

HABLEN DEL MADRID Y EL BARÇA

Por perseguir la perdiz
hablen del Madrid y el Barça.
Contra el tufillo de farsa,
me taparé la nariz.

La Liga toma un cariz,
dúo y pareja de hecho.
Mientras ellos sacan pecho
yo me tapo la nariz.

Sigue el culebrón feliz,
cosas de Messi y Ronaldo.
Catorce clubes en saldo
van de culebra a lombriz.

En la selva repartid
carnaza y televisión,
que la parte del león
es del Barça y del Madrid.

Dale al Barça y al *Madriz*
prensa, radio, tela y tele.
Si la Liga huele y huele
me taparé la nariz.

(2018)

34

A LA RISA DEL ANCIANO FÉLIX

Perdida o devastada tu memoria,
¿de dónde ese prodigio que siempre va contigo?
Bien traspasados tus ochenta años,
te ha quedado esa risa que hace de oro tu cara.
¿Te ríes cuando duermes?
¿También cuando estás solo?
Noble ha debido ser el atrás que tú dejas
para reírte como tú te ríes.
Noble tú para dejarlo todo
y atesorarlo en tu dorado olvido.
Desde tu paz, sabes mirar arriba
como lo saben solo los más sabios.

Ríes y ríes, Félix, y en tu risa ofreces
en bondad tu fortuna acumulada.

                    (11 de Noviembre de 2022)

RUBALCABA[1]

Cuando el ángel presidente,
feliz "inspector de nubes",
jugaba con los querubes,

¿Rubalcaba
dónde estaba?

Si Zapatero soñaba
mientras España se hundía,
y desde el cielo mandaba
a pique la economía,

¿Rubalcaba
dónde estaba?

Y cuando el cielo asfixiaba
de humareda y desgobierno
y nos mandaba al infierno
de la ruina que adobaba,

¿Rubalcaba
dónde estaba?

El poder de Rubalcaba
ha sido visto y no visto.
que quien se pasa de listo
no se sabe dónde acaba.

---

[1] *Estos versillos fueron escritos en una situación crítica de la economía y la vida nacional. Con todo, es ampliamente aceptado que Alfredo Pérez Rubalcaba fue uno de los políticos más brillantes de su partido, como tuvo ocasión de mostrar en los últimos años de su vida.*

Y en medio de esta caraba
vuelvo a preguntar e insisto:

¿Rubalcaba
dónde estaba?

(2013)

APARECE EN RUSIA

Aparece en Rusia
una estrella nova,
un hijo de Putin
y de Putinova.

KGB en el alma
y soviet a mares,
luce y brilla tanto
que eclipsa a los zares.

Siguiendo a su sino,
se cubre de gloria.
Insigne asesino,
pasará a la historia.

Entra a sangre y fuego
a arrasar Ucrania;
antes su cabeza
la arrasó la insania.

Rey de tu baraja,
hez de corazones,
vomita tu orgullo
y atiende a razones.

No uses las ventajas
de las almas viles.
Trágate tus tanques,
bombas y misiles.

¡Fuera las batallas
de tu furia intrusa!
Libra de vergüenza

a la patria rusa.

Trueca ya las armas
por mayor proeza:
raer de tu pueblo
su vieja pobreza.

¿Triunfará don Putin
con su horror a cuestas?
¿O hallará la muerte
con las botas puestas?

(26 de febrero de 2022)

2. ME MORIRÉ INCAPAZ DE ESCRIBIR TU POEMA

ME MORIRÉ INCAPAZ DE ESCRIBIR TU POEMA

Los cielos cantan la gloria de Dios.
Salmo 19

Hecho a mirar la tierra, maravillosa y tuya,
y a mirarme a mí mismo, un puntito invisible,
mi ignorancia se pierde si mis ojos sin luces
se asoman al balcón de tu inmenso universo.

Dios mío, Dios de siempre, que invisible
paseas como dueño por espacios sin nombre
y a tu paso recreas la luz y la tiniebla:
me acerco ya a la muerte
sin haber aprendido a cantar tu grandeza.

Antes que los humanos conocieran la esfera
jugabas en tu cielo con tus astros redondos,
tú que hiciste con ellos una siembra celeste
en el juego incontable de tus luces de fuego
y del giro apagado de planetas en sombra.

Mucho antes que los físicos, el primero inventaste
las leyes portentosas que gobiernan los cielos.
Hiciste que en tu reino los cuerpos se atrajeran
y giraran seguros en el espacio inmenso.

Se preguntan los químicos qué fórmulas usaste,
qué cuerpos, qué metales, que elementos ocultan
los planetas que pueblan los ámbitos sin límites.

Aplicados estudian
los vivos combustibles con que nutren su fugo
tus estrellas en llamas.

Director sapientísimo de un teatro infinito,
seguro concertaste en la danza del cosmos

el ballet de los astros, tan veloz como armónico,
en el alto escenario que tú mismo creaste.

Allí sigues mostrando las artes asombrosas
que nadie te enseñó. Todo lo dispusiste
sin que a tu obra perfecta precediera un ensayo.

Me moriré incapaz de escribir tu poema,
de encontrar las palabras de belleza y de luces
con que cantar la gloria de mi Dios invisible
que juega con los astros y a los humanos ojos
se ofrece en su misterio poderoso y lejano.

Señor, mi Dios altísimo,
eterno y sin edad, apiádate de mí.
Hoy llego una vez más a tu presencia,
ya muy pasados mis ochenta años,
viejo más no rendido.

Temo que en ocasiones se amiguen ya en mi mente
el anciano y el niño
que en el candor tardío me devuelve a la infancia.
Como el chiquillo que garabatea
en un renglón torcido y tembloroso,
escribo en la ignorancia palabras como **amor**,
eternidad, sabiduría, omnipotencia
sin abarcar jamás tu gloria y tu grandeza.
¿Sonríes con amor, sin que te extrañe
la torpeza infantil de tu hijo más pequeño?

Tú que tanto me quieres, ven a jugar conmigo.
Ya sé que por ser Dios todo lo sabes,
pobre de mí, que veo en mi cartilla
preguntas imposibles que no entenderé nunca.

Como lo sabes y lo puedes todo,
ahora que estás conmigo,

¿qué tal si como un padre que guía
los trazos vacilantes de su niño
sujetas bien mi mano con la tuya
y escribes hoy conmigo el Universo?

(11 de febrero de 2022)

DONDE EL VIEJO, YA NIÑO, PREGUNTA A DIOS POR SU UNIVERSO

Como soy ignorante, de puro viejo niño,
como tanto me quieres y te quiero,
me atrevo a preguntarte:
Dime, querido Dios, ¿es que has creado
unos cielos tan grandes,
que no se acaban nunca,
para que allí vivieran
unos poquitos hombres solamente
en esta tierra pequeñita y redonda,
igual que una canica?

¿Es que a tantos planetas que ruedan por el cielo
los has dejado ahí como casas vacías
y sin niños que jueguen y que tengan
sus padres y sus madres que los quieran, los besen,
los sienten a la mesa, les pongan un babero con su nombre
para que no se manchen, les preparen
pan y comida para que se hagan grandes
y vayan al colegio, y piensen y se rían
y duerman de un tirón toda la noche?

¿Y en tanto sitio como tú pusiste
no hay nadie
que quiera a los demás y que lo quieran,
y que te quiera a ti con toda el alma
igual que yo te quiero?

No me contestes, Dios, si tú no quieres.
A los niños
nos dicen nuestros padres que a veces les hacemos
demasiadas preguntas, hasta algunas que ni ellos
las saben contestar.

Pero tú sabes todo, eso dice mi padre.
¿No lo vas a saber si tú lo hiciste todo?
Contéstame, mi Dios, aunque me veas
tan niño e ignorante.
O prométeme, si te parece,
que me lo contarás cuando sea mayor.

                              ¿Sabes que ya hace tiempo
se murió mi abuelita y mis padres dijeron que ya estaba
en el cielo contigo?
Ella sí lo sabrá, se lo habrás dicho.
Sabrá
si en un cielo tan grande
que no tiene final y está lleno de estrellas,
habrá gentes que hablan, se ríen y que piensan
parecido a nosotros, y que saben quererte
a ti como aquí muchos te queremos.

Yo no sé, Dios, si te estaré cansando.
Perdona, tengo sueño, ya me callo.
Pero antes déjame que te dé un beso
como hago con mis padres por la noche
antes de irme a dormir.

Te llamaré mañana, ¿te parece?
No me contestes, Dios, si tú no quieres.
Yo siempre igual te seguiré queriendo.

                                        (15 de febrero de 2022)

OFRENDA

Señor, te ofrezco
mi arrugada vejez.
Te ofrezco en mi bandeja desconchada
la ofrenda derrotada de mi piel.
Con todo amor de pobre
te ofrezco la torpeza de mis pies
y algún leve vahído que me pone
la izquierda y la derecha del revés
(Si subo al taburete y al armario,
"¡abajo, no te vayas a caer!").

Te ofrezco mi dolor por los que quise
y se me fueron para no volver,
mis fallos de memoria que a menudo
me nublan lo que fue y lo que no fue.
Pero Tú quedas fuera de mi olvido,
pues siempre eres el que siempre es,
el que me llena en el amor los ojos
para que vea con tu luz sin ver.
A ti levanto en el temblor mis manos
y toco el todo sin tocar ni ver.
Ay, la tristeza se me ensancha dentro;
pero una y otra vez
te acercas generoso y mis manos dejas
llenas con el regalo de la fe.
¿Quién tan antiguo como Tú, Dios mío,
y tan nuevo y tan joven a la vez?
Tú, Padre de la vida ilimitada,
fuera de edad, de tiempo y de vejez.

Ea, un abrazo fuerte, interminable,
te da este viejo. Amén.

HABLO CONTIGO COMO CON MI PADRE

Hablo contigo como con mi padre
¿y qué sé yo de ti, si eres eterno?
¿Cómo medirte a ti, Dios infinito,
cuando me abrazas en tu abrazo tierno?

Me pongo a hablar a tu sabiduría
y tú siempre me escuchas, y no hay modo
de que me dejes solo en mi ignorancia.
No sé quién eres, pero en ti sé todo.

Sé que todo lo sabes y lo puedes
y sé que solo yo no puedo nada,
mas si te llamo me socorre al punto
tu amor y tu bondad ilimitada.

Eres dueño de todo, ¿quién lo ignora?
Ya sé que es tuya toda la riqueza.
Mas siendo tú tan rico y yo tan pobre,
¿vienes con tanto amor a mi pobreza?

Muy poco sé de ti, mas sé nombrarte
y decirte lo mucho que te quiero.
Eres mi Padre Dios y te conozco
desde mi amor tan pobre y verdadero.

(27 de febrero de 2022)

A UNA TALLA MARIANA DEL S. XV

Pequeñita eres, María,
pero madre y bella.
Se mueve tu hijo en tu regazo
de derecha a izquierda,
mas está bien segura entre tus brazos
su figura traviesa.
Pero es tu risa la que me enamora
y es tan suave y no cesa.
Te hizo así el escultor,
pequeñita y risueña,
según los cánones góticos de moda,
de humor y gracia llena.
Te miro y te remiro. Tú me vuelves
más pequeñas las penas
mientras sigues riéndote
con tu sonrisa abierta.
De mí puedes reírte. Te proclamo
de amor y humor, de la sonrisa Reina.

(Septiembre de 2016)

ADVIENTO: AVÍVANOS LA ESPERANZA

No todo es humo ni viento
si retrasas tu venida,
que ya estás en nuestra vida,
Jesucristo del Adviento.
A veces es tan violento
el mundo y toda su andanza
que la impaciencia no alcanza
a esperar lo prometido.
Mátanos el sinsentido
y avívanos la esperanza.

A UNA MARCA COMERCIAL QUE SE ANUNCIABA
CON MÚSICA DE VILLANCICO NAVIDEÑO

A tener contento al tonto
aspira un mal vendedor.
Cojo su tren, sí señor,
y en su servicio me monto.
Vengan, señor, vengan pronto
tus celestes mercancías,
que en Navidad y sus días
nos manda el dios del consumo.
¿A su obediencia me sumo?
Lo siento, no es el Mesías.

EL POETA CUMPLE 86 AÑOS

Gracias, Señor de la vida,
porque hoy cumplo ochenta y seis.
Y aún pienso con la cabeza
y camino con los pies.

En su ya larga costumbre,
hoy Dios me ha venido a ver.
Gracias, mi Señor eterno
y padre de mi vejez.
Por ser eterno eres joven
y yo contigo también.
Y espero, joven contigo,
vivir para siempre. Amén.

(21 de diciembre de 2022)

VAYA PUEBLO ESTE QUE CANTA

> *"La Nochebuena se viene,*
> *la Nochebuena se va,*
> *y nosotros nos iremos*
> *y no volveremos más".*

Vaya pueblo este que canta
y canta la Navidad:
pueblo que piensa en marcharse
cuando Dios más cerca está.

Tampoco sobran razones
a un pueblo que en Navidad
pide la bota a María
y se quiere emborrachar.
¿Para llenar sus cabezas
de vino y oscuridad?
Y todo cuando la noche
más clara que nunca está.

Que nadie piense en oscuro
si oye en la noche sonar
"Gloria a Dios en las alturas
y en la tierra al hombre paz".

SOLEDAD DE SOLEDADES

Soledad de soledades,
y nada soledad.

Si Él camina a tu lado,
¡qué acompañado vas!
Con su presencia llena
todo tiempo y lugar.
Suyo el ayer, el siempre,
el aquí y el allá.
Suyo es el Universo,
suya la eternidad.

Suyo eres tú, y Él tuyo,
siendo lo suyo amar.
Quedó en su compañía
muerta tu soledad.

(5 de octubre de 2022)

VILLANCICO URBANO
(*En la línea 4 del urbano Barañáin-Pamplona-Huarte*)

Porque fue ayer Nochebuena
la línea autobús estrena.

Oh, viaja el Niño Jesús
montado en el autobús.

Aunque el motor mima el ruido,
el Niño no va dormido.

-¿Cuál es, señor conductor,
esta línea, por favor?

-Ya ve, señora viajera,
no es una línea cualquiera,
pues coge a gente de bien
y la lleva hasta Belén…
No se para en ningún cruce
y es un ángel quien conduce…

-¿Y cuál es el recorrido?
¿No estará usted confundido?

-Esta es la línea cabal
de los que van al Portal.
¿…El recorrido pregunta?
El cielo y la tierra junta:
Arranca de Navidad
y llega hasta Humanidad.

(Diciembre de 2021)

56

VILLANCICO Y BROMA DE RELIGIÓN DIGITAL [2]

Periodistas y escritores
de Religión Digital:
vengan todos al portal.

Hoy toca gente sencilla.
Dejen la pluma, escritores,
para entrar con los pastores.

¿Un Niño Dios en Belén?
La noticia nunca vista.
No la cubrió un periodista.

¿Ven, señores, con qué amor
la Madre al Niño acaricia?
Va dentro de la noticia.

No hubiera sido lo mismo
-lo sé de segura mano--
si se olvida de Belén
y nace en el Vaticano.

Fotógrafos, informáticos:
en Belén no se está mal.
Vengan, vengan al portal.

Los lectores, los censores

---

[2] *Todos los santos tienen octava. También Jesús, claro. Incluso su Belén y su portal se prolongan más allá, hasta Reyes. Ahí van estos versillos, "para quien los coja". No son precisamente altísima poesía. Sí una broma festiva, religiosa y casera. Se publicó en Religión Digital, blog del autor, el 1 de enero de 2015.*

que de todos los colores
nos critican bien o mal,
vengan, vengan al portal.

Desde cerca, desde lejos
de nuestra aldea global,
hale, todos al portal.

Gentes ceñudas, severas,
benévolas o chungueras,
con su gracia y con su sal,
vengan, vengan al portal.

Hombres y mujeres, todos,
humanos en general,
corran, corran al portal.

Gentes de casa o de paso
por Religión Digital,
pasen, pasen al portal.

Vengan, señoras, señores,
vengan y entren al portal,
que el Niño en carne mortal
está *on line* con los pastores
en Religión Digital.

PASIÓN Y MUERTE EN LA CALLE

Semana Santa en la calle
de pena, dolor y pueblo.
Huerto de Getsemaní,
Jesús penando en el huerto.
Tiembla y el sudor de sangre
le corre por todo el cuerpo.
(¿Aún siguen sus tres amigos
tan ajenos y durmiendo?)
Viene Judas Iscariote:
"Al que bese detenedlo".
Negra en el alma y la noche,
va delante en el cortejo
gente con palos y espadas
a prender al Nazareno.
El traidor, en su traición,
se acerca y le estampa un beso
mientras con la voz mentida
le dice: "Salve, Maestro".
Atado como un bandido
lo empujan sin miramientos
dejando atrás los olivos
que se retuercen gimiendo.

Bajo las andas, ocultos,
se duelen los costaleros.
Lloran las bandas de música
con acentos lastimeros.

Llega a casa de Caifás
tropezando y sin aliento.
"¿Es cierto que tú dijiste:
'Puedo destruir el templo
y construirlo en tres días?'".

Y Jesús guarda silencio.
Ante todo el Sanedrín
Caifás pregunta de nuevo:
"Dices que eres el Mesías,
el Hijo de Dios, ¿es cierto?".
"Sí, tú lo has dicho, Caifás,
y tenlo por verdadero.
Vendré como Hijo de Dios
sobre las nubes del cielo".
Un rasgar de vestiduras
saja su tela al silencio
y todas las bocas gritan:
"¡Basta ya! ¡De muerte es reo!".

Crujen las andas y el trono
y gimen los costaleros
mientras la banda de música
alza en dolor su crescendo.

De pronto se lanza un "Ay"
desde un balcón saetero.
"Ay" de saeta que sube
hasta clavarse en el cielo.
La multitud, traspasada,
se detiene en el cortejo
y respira su congoja
con una herida en el pecho.

Pasan y pasan los pasos
que portan al Nazareno.
Va de Caifás a Pilatos.
Pilatos se siente ajeno
y se lo remite a Herodes
que entre curioso y contento
quiere ver milagrerías
que cuentan del Nazareno.
Pregunta Herodes, pregunta,

mas Jesús guarda silencio
ante el asombro de Herodes,
enemigo y zorro viejo
que le ofrece con los suyos
su regalo de desprecio.
A Jesús viste de loco
y lo devuelve de nuevo
a Pilatos quien, cobarde,
en la duda prisionero,
el indulto a Barrabás
o a Jesús ofrece al pueblo.
Rechaza el pueblo a Jesús
dando a Barrabás por bueno.
Y el gobernador lo entrega
al látigo y al tormento.

Sangrad como a latigazos,
hombros de los costaleros.
Atruenen por sus heridas
la banda y sus instrumentos.
¿Se ha clavado otra saeta
en el corazón del cielo?

Ya va con la cruz a cuestas
seguido del Cirineo.
Jesús se encuentra a su Madre
tocada de un velo negro.
La llaman la Dolorosa,
siete espadas en el pecho,
como el mar es su tristeza,
alta pleamar su duelo.

A Jesús en el calvario
lo clavan en el madero.
Crucificado y amante,
tiene los brazos abiertos.
Antes de morir dirá

con el corazón ardiendo:
"Padre, perdona a estas gentes
que no saben lo que han hecho".

Un eclipse de repente
deja a oscuras al cortejo.
Estallan todas las bandas
de terremoto y estruendo,
ciega la cera en los cirios
y mudos los costaleros.

***

La procesión ha acabado.
Lento se remueve el pueblo.
Y poco a poco las calles
retornan a su ajetreo.

Pero ya nada es igual
ni por fuera ni por dentro,
que la noche y la ciudad
se han quedado sin aliento,
vivas de cruz y de llanto
y muertas con Cristo muerto.

(Semana Santa de 2017)

PASCUA DE RESURRECCIÓN*

Pascua de Resurrección:
Batalla y Pascua Florida.
Las flores en pie de vida
hacen su revolución.
Cantan las tumbas abiertas
y aclaman al Campeón.

Pascua de Resurrección:
Miran los hombres al cielo
más altos de lo que son.
La muerte, abajo. La vida,
arriba en el corazón.

Pascua de Resurrección:
Victoria y Pascua florida
de triunfante floración.
Nunca cabrán todas juntas
sus flores en un jarrón.

Pascua de Resurrección:
El cosmos, en pie de orquesta,
rompe en concierto y en fiesta,
¡resuena la creación!

Pascua de Resurrección:
¡Arriba, arriba la gloria!
¡Abajo la corrupción!
Alza Cristo victorioso
su bandera de perdón.

Pascua de Resurrección:
Redondea el Universo
su plena consumación.

Pascua de Resurrección:
Y Pascua de primavera.
Para quien vivir espera
llega lo eterno a sazón.

Salen las cuentas cabales:
son los hombres, ya inmortales,
mucho más de lo que son.

Pascua de Resurrección:
Hasta el desierto y las piedras
tienen hoy su corazón.

Pascua de Resurrección
a la vida verdadera.
La muerte se desespera
y se muere en un rincón.

Firma

Pascua de Resurrección:
La canta un pobre poeta
que se llama Mauleón.
(Por no cantarla más fino
os pide a todos perdón.
Y al Señor resucitado
le reza un *kyrie eleisón).*

(Abril y Pascua de 2017)

*Publicado parcialmente en el libro *Pero estás en mi aliento.*

3. APÉNDICE CORDIAL

LAS DOS PATRONAS DE UNZU

Unzu tiene dos patronas
bien queridas:
la Virgen en su Asunción
y santa Lucía.
Las lleva en el corazón
siempre, de noche y de día.

Tiene un retablo famoso,
de María
que Juan de Beauvais esculpió
con el alma de rodillas.
En él
belleza y Renacimiento
abrazados se concitan.

Lucía tiene su casa
en la ermita,
donde más de siete siglos
a rezarle se arrodillan.
Con ellos los hijos de Unzu
historia y amor amigan.

Ruega, ruega por nosotros,
oh María.
Acompañe tu belleza
nuestra vida.

Ruega, ruega por nosotros,
santa Lucía querida.
Pon tu luz en nuestros ojos,
tu fuego en nuestras pupilas.
Fuego de amor y martirio
tenga nuestra fe encendida.

Por amor a Jesucristo
diste tu sangre y tu vida.
Arda nuestra fe en las obras
siempre en llama, siempre viva.
Y arda el rojo derramado
de tu sangre esclarecida
sobre quienes nos juntamos
para rezarte en tu ermita.

Al Padre, al Hijo, al Espíritu,
Señor y dador de vida,
por los siglos de los siglos
sea la gloria infinita.
Amén.

(En la ermita de Santa Lucía de Unzu, tras su restauración,
el 14 de diciembre de 2014).

EL CURA DE OLLACARIZQUETA, NAVAZ, UNZU Y GARCIRIÁIN

El cura de Ollacarizqueta
es un pobre viejo
y un poco poeta.

Es al mismo tiempo
Cura de Navaz,
donde goza y junta
rebaño y solaz.

Pero Garciriáin
tampoco se apura,
pues gracias a él tiene
bendición segura.

Como el nombre de Unzu
no tiene una rima,
el pobre poeta
su nombre lo arrima
a Ollacarizqueta.

Navaz, Ollacarizqueta, Unzu y Garciriáin,
los cuatro bien juntos,
en su corazón están.

En ellos
hay un pobre viejo
que reza, bendice y canta
y en cuatro altares levanta
cielos de Vino y de Pan.

Garciriáin, Navaz, Unzu
y Ollacarizqueta

dan hogar e iglesia
a este cura viejo,
un poco poeta.

(Marzo de 2015)

ÍNDICE

Ediciones Vitruvio

Colección Baños del Carmen

Últimos libros publicados:

Las flores del mal, de Charles
Baudelaire

En mi cuaderno de viaje, de
Carmen Maga

Declaración jurada, de Manuel E.
Castillo

Siempre Domingo, de Pascual
García

Escribir Silencio, de José A.
Alfonso

Ciento cincuenta voltios, de David
Alberti

Que nada se olvide, de Álvaro
Fierro Clavero

Ayer es mañana, de José Elgarresta

Y ahora sorpréndeme, José Ramón
Silva

Playa sin mar, de Eduardo Crespo

El mar mientras duerme, de
Santiago Gómez Valverde

Madame Podeva, de Natalia Ruiz-
Poveda

El hombre que alimentaba su alma,
de Sergio Macías

A la tarde, de María Paz Otero

La ingravidez que somos, de
Antonio Ríos

La ilusión del indulto, de David
Minayo